LOS 9 PASOS QUE LOS EMPRESARIOS HAN USADO
PARA TENER ÉXITO EN MLM. Tu Guía Maestra
De Empleado a Emprendedor
Un Plan Para Lograr tus Sueños, Sin Dejar de Hacer lo
que Haces.

I0472740

© 2019 Tu Libro Express
www.TuLibroExpress.com

ISBN: 9781095029008

INDICE

UN NEGOCIO DEL SIGLO XXI

La economía ya cambió, ahora el que debe cambiar eres tú. El error no es tener un empleo, el error es depender de una sola fuente de ingresos.

Cuando entiendas el poderoso concepto de ingresos residuales, los lineales solo serán un recuerdo. El ingreso lineal te roba lo más preciado que tienes: tu tiempo. El ingreso residual te da lo más preciado que puedes tener: tu tiempo.

En el ingreso lineal trabajas, ganas. Trabajas, ganas. Dejas de trabajar, dejas de ganar. En el ingreso residual haces el trabajo una vez, y las ganancias serán permanentes

Ahora el reto consiste en educarse para este tipo de negocios. Ya nos educaron para los lineales, ahora nos debemos educar para los residuales.

Años atrás se decía que el network marketing era el negocio del futuro. Hoy es el negocio del presente. Pese a sus críticos y a la infinidad de prejuicios, nada ha interrumpido su crecimiento. Analiza el negocio: es de los más rentables del mundo. De hecho, en conjunto, las redes de mercadeo mueven más dinero que el fútbol y que muchas otras actividades.

Pese a eso, hay quienes se empeñan en vociferar que se trata de una estafa. Al respecto, conviene señalar que, por tradición, el mundo siempre duda de lo nuevo. Cuando aparecieron los automóviles, el mundo dijo: "esos aparatos van a matar gente, no pueden andar por nuestras calles".

Cuando los médicos empezaron a operar el cuerpo humano, la opinión pública alzó la voz y algunos dijeron: "eso es mucho riesgo, la mano del hombre no puede estar por encima de la mano de Dios".

Y así, el mundo siempre ha dudado de lo nuevo. De lo que es profundamente revolucionario, siempre han existido críticas, dudas y hasta existen los "tira piedras", gente con poca apertura mental para comprender el fondo del asunto.

El network marketing no es una pirámide. De por sí, en las pirámides no hay un producto. Solo hay dinero. En cambio, el multinivel genuino tiene UN PRODUCTO, uno que incluso estarías dispuesto a consumir sin estar haciendo la red. Muchas personas afirman con poca exactitud que "los que hacen redes de mercadeo no son empresarios". Y ahí caen en un error de concepto: el negocio de los networkers es la red. De ellos para abajo.

Quizá en los próximos años en las universidades se enseñe la profesión de network marketing. Mientras tanto, no pienses por culpa de un farsante, que todos somos son iguales.

Porque a fin de cuentas, gente mala hay en todos lados. La vez pasada las noticias daban cuenta de un hombre que, sin haber estudiado, tenía un consultorio de dentista. Era un usurpador. Aquí pasa lo mismo: en las redes de mercadeo hay muchos estafadores disfrazados de networkers, pero no por eso debes tirarle piedras a toda la industria.

Finalmente, debes saber que todos hacemos redes de mercadeo. Absolutamente todos. La diferencia es que al networker le pagan, a ti no. Porque: ¿qué es hacer redes de mercadeo? ¿No es acaso un negocio de recomendación? ¿Acaso el negocio no consiste en convertir gastos en beneficios? Es sacarle provecho a lo que tenemos a nuestro alcance, al igual que el internet de tu teléfono, puedes sacarle provecho o solo mirar a otros que sí lo hacen. Es una ilusión decir que las redes de mercadeo te harán millonario de la noche a la mañana, pero pueden ser tu mejor opción. El network marketing honesto forma ganadores. La vez pasada escuchábamos a un empresario de nuestra industria decir lo siguiente: "Yo he visto a médicos, abogados, ingenieros y profesores, deseando ser Presidentes. Pero en cambio, no he visto a un Presidente de Herbalife queriendo ser médico, ingeniero o profesor. Presidente es, sobre todo, una cuestión mental".

Las redes de mercadeo son un negocio rentable, pero no es para los flojos. La PROMESA es muy sencilla: "trabaja 5 a 10 años de lunes a domingo y no tendrás que trabajar cincuenta años de lunes a viernes." Los que hacen redes lo saben, el negocio es hacer redes, no solo vender productos. El negocio es formar empresarios, no vendedores. El negocio es liderar, no gerenciar.

LA GUÍA MAESTRA

En Águilas Imparables hemos estudiado no solo el caso de los líderes más exitosos en Herbalife, sino en general del network marketing. Y en todos ellos hemos encontrado que sus resultados son consecuencia natural de la aplicación de determinados principios y la exacta ejecución de un plan que hoy detallamos aquí en La Guía Maestra.

Estos principios y el plan de acción, encaminados en el sistema educativo de Águilas Imparables, son la fórmula infalible para construir organizaciones internacionales, de gran impacto y alta rentabilidad. Si los más exitosos se han hecho ricos aplicando esta fórmula, nosotros no tenemos que volver a inventar la rueda. Recuerda: el éxito deja huellas.

Tú te has unido al Equipo Águilas Imparables y estás aquí para triunfar. El punto es ganar o ganar, no hay otra opción. No hemos empezado para "probar nuestra suerte" o para " ver cómo nos va". Consideramos que no estás para perder el tiempo. En tal sentido, si otros han triunfado, nosotros también podemos hacerlo.

En el network marketing, también conocido como las redes de mercadeo, más que distribuir grandes cantidades de PRODUCTOS, distribuimos una oportunidad de negocio, la oportunidad de tener libertad. El activo más importante de nuestro negocio son las PERSONAS. Si mueves personas, las personas moverán productos, y eso deviene en el movimiento de las ganancias residuales. Desde luego, el pilar de todo es el LIDERAZGO. Construir organizaciones cuyo espíritu es el trabajo en equipo, requiere LIDERAZGO. Y para que nuestro liderazgo sea potente, debe ir perfeccionándose constantemente y, sobre todo, debe reposar sobre un método y una técnica.

De aquí la vital importancia de La Guía Maestra:

- En el Equipo Águilas Imparables, todos crecemos implementando la misma estrategia, explicada y detallada aquí en La Guía Maestra.

- El dominio de La Guía Maestra te dará seguridad y confianza, y eso se duplicará en tus downline.

- La correcta aplicación de La Guía Maestra garantiza tu crecimiento exponencial, tu desarrollo personal y tu éxito empresarial.

- En ausencia de los líderes, La Guía Maestra ofrece toda la orientación necesaria para que el nuevo empresario construya su organización.

Los Águilas Imparables somos una familia y hacemos nuestros negocios del mismo modo, es decir, todos hablamos el mismo idioma.

En el Equipo Águilas Imparables tenemos:

- Una Visión
- Un Camino
- Una estrategia

Recuerda: en la diversidad de estrategias no hay duplicación. Sigue la guía. Domina la guía. No trates de inventar una nueva receta. Por lo demás, comprende y ejecuta la guía.

Adonias Hernández
Equipo Águilas Imparables

¿POR DÓNDE EMPEZAR?

HERBALIFE es un vehículo de la nueva era. Uno de alta gama y adelantado a su época.

Cuando OBTENEMOS nuestro Número Identificatorio de Licencia Herbalife nos convertimos en socios de esta gran empresa, nos encontramos con un tablero como este. Y no sabemos qué hacer, ni por dónde empezar. A veces ni siquiera llegamos a entender el plan de compensación.

Algunos nos asustamos y lo abandonamos, pensando que nunca lograremos conducirlo. Otros lo hacemos, pero no lo encendemos, preferimos empujarlo apagado. Otros aprendemos a manejarlo a nuestra manera después de años, pero se nos es difícil enseñarle a otros a que también lo hagan.

Ahora llegó el Equipo Águilas Imparables, tu escuela de manejo. Para que conduzcas tu vehículo Herbalife, a velocidades que nunca habías imaginado. ¡A tu verdadero potencial!

EL PRINCIPIO

Nuestro proyecto es internacional. El mercado es el mundo, nuestra red es de alcance global y alta rentabilidad.

La parte operativa del negocio se inicia con el plan de acción, el mismo que consta de nueve pasos. Juntos, los nueve pasos constituyen el proceso más importante en el inicio y en la consolidación de nuestra organización.

Debes aprender, comprender y dominar, cada vez con más entusiasmo, cada uno de los nueve pasos. No los obvies, ni los subestimes. Si te saltas de uno de ellos, expones tu negocio al desorden y a la improvisación. Estos pasos son repetitivos, de constante ejecución y debes ser el primero en llevarlos a la práctica.

Los líderes no dan órdenes, dan el ejemplo.

Estamos formando una red de personas. Y nuestro éxito será proporcional a la relación que establezcamos con esas personas: Relaciones fuertes, organizaciones fuertes. Así que trata a las personas no como "simples distribuidores" o "afiliados", sino como TUS SOCIOS. Debes ponerlos en exacta dimensión y ver su potencial como seres humanos.

Es por ello que La Guía Maestra pone especial énfasis en que entiendas que el principal activo de nuestro negocio no son los productos, sino los seres humanos.

El patrón del éxito consta de nueve pasos. Los tres primeros son esenciales para consolidar nuestra apuesta en el proyecto y en nosotros mismos.

Los cuatro pasos siguientes, en términos puramente operativos, son los más productivos. De ellos depende la velocidad de nuestro crecimiento, estabilidad y solidez del negocio. Los dos últimos son más cuestión de fórmula estratégica, propia del negocio.

Pégate a La Guía Maestra. No la sueltes. Léela y vuelve a leerla, estúdiala y ejecútala. Lo demás es cuestión de actitud, fe y persistencia. Te puedes equivocar aplicando uno de los pasos, pero no puedes equivocarte en tu actitud. Puedes fallar haciendo una llamada, pero no puedes fallar en tu FE. Puedes fallar mientras presentas la oportunidad, pero no puedes fallar en la persistencia. Recuerda lo siguiente: los grandes sueños no se hacen con pequeños esfuerzos.

ESTOS SON LOS NUEVE PASOS:

1. Define tus sueños
2. Plantea tus metas
3. Establece tus compromisos
4. Elabora una lista de prospectos
5. Invita a tus prospectos
6. Programa dos reuniones en casa para la presentación del negocio
7. Empieza el seguimiento
8. Evalúa las estrategias con tu upline
9. El último paso es pura duplicación. Con un trabajo bien hecho es que finalmente experimentarás la magia de la duplicación. En la duplicación están los residuales: tu downline ya aprendió cómo se hace, así que ahora él lo hará solo... y cada vez que lo haga, ambos ganarán.

PASO 1: DEFINE TUS SUEÑOS

Todo el mundo tiene problemas. Problemas de pareja, problemas familiares, problemas de dinero, problemas de salud. Problemas en la empresa. O puedes darles otro nombre... retos, desafíos. En fin, el tema principal es que son situaciones que existen y no nos pueden derrotar.

Cualquiera sea tu caso, queremos decirte que te encuentras en una situación privilegiada.

En Águilas Imparables hemos conocido el caso de personas que estaban en situaciones muchísimo más complicadas que la tuya, pero que salieron adelante porque nunca se rindieron y porque tenían UN PLAN.

Recientemente escuché el caso de una joven con dos niños a cargo a quien el esposo había abandonado. La joven tenía un pequeño negocio, pero las cosas marchaban mal. Había solicitado un crédito y ahora el banco amenazaba con embargarle todo. Ella no se puso a dar pena; se puso a hacer negocios. Escuchó acerca de la oportunidad que ofrece Herbalife y empezó de cero: ahora es parte del Equipo Presidente que gana más de 10 mil por mes en residuales.

Nosotros no queremos darte palabras de aliento. Sencillamente queremos que entiendas que la peor derrota no es la derrota financiera, sino la derrota moral.

Los exitosos no salen adelante llorando, sino haciendo negocios.

- Las deudas no te van a ganar.
- Las enfermedades no te van a ganar.

La clave es soñar.

No importa tu situación actual, tienes que visualizar tus sueños. Los grandes proyectos son impulsados por soñadores, no por simples trabajadores. Los negocios multinacionales son realizados por personas que en algún momento fueron tildadas de "locas" o "ilusas".

Observa lo siguiente: a la historia pasan los soñadores, no los pesimistas, ni los "realistas".

Henry Ford soñaba con sus automóviles cuando todavía ni siquiera había carreteras. Le decían "iluso".

Los hermanos Wright soñaron con volar. Cuando trabajaban en la creación del avión, la gente los llamaba "locos." Los más "realistas" decían," el hombre no puede volar, no tiene alas".

Todos tenemos sueños. Sin embargo, lo que sucede con la mayoría de las personas es que con el pasar de los años y la falta de una educación centrada en el desarrollo personal, dejan sus sueños y se concentran en "el día a día".

Empolvamos nuestros sueños, y nos concentramos en "trabajar para el fin de mes". Es por eso que en un mundo donde hay tanto conformismo, soñar es cosa rara. Cuando las personas comunes se encuentran con un soñador, suelen decir:

"Sueña nomás, iluso".

"Aterriza, tienes que ser realista".

"Trabajo para parar la olla".

"Tengo carga familiar".

Como bien dice Jodorowsky, "Los pájaros nacidos en una jaula creen que volar es una enfermedad".

En uno de sus libros, el empresario Robert Kiyosaki dice: "Los ganadores no vamos detrás del dinero, sino detrás de nuestros sueños".

En Águilas Imparables, uno de nuestros mentores es Myles Munroe, y él dice: "Usted no ha nacido para simplemente pagar deudas".

------- Las opciones son dos: trabaja en tus sueños o termina trabajando en sueños ajenos. ------

¿Quieres triunfar? Este es el paso más importante: define tu sueño. Lo que se visualiza, se materializa. Hay una frase que dice, "si lo tienes en la mente, lo tendrás en las manos."

En su libro "Piense y Hágase Rico", el autor dice que para que los sueños se cumplan, deben reposar sobre cuatro pilares:

- Un sueño definido: ¿qué es lo que queremos lograr y por qué queremos hacerlo?
- Un plan definido: ¿cómo lo vamos a lograr?
- Asociación e influencia positiva: el éxito camina con el éxito. Los ganadores se codean con ganadores.
- Mente abierta: conoce y acepta nuevas ideas. Jamás te cierres a las oportunidades.

No cumplirás tus sueños siendo un empleado toda la vida o haciendo un negocio tradicional para sobrevivir.

Desarrolla tu red con una visión empresarial. No estás aquí para sacar tu quincena o tu fin de mes. ESTÁS AQUÍ POR TUS SUEÑOS.

Recuerda esto: las redes de mercadeo son un negocio de apalancamiento... Te apalancarás para cumplir tus sueños.

1. Define tus sueños: ¿con qué sueñas?
- ¿Cómo es la casa en la que te gustaría vivir?
- ¿Dónde quieres vivir?
- ¿Qué tipo de autos te gustaría tener?
- ¿Qué países quieres conocer?

- ¿A qué escuela o universidad te gustaría que asistan tus hijos?
- ¿Te gustaría ser exitoso financieramente y ayudar a tu familia?
- ¿Te gustaría tener una fundación y realizar ayuda social?
- ¿Qué otros negocios te gustaría tener?

2. Escribe tus sueños Además de tenerlos en tu mente, tus sueños deben estar escritos. Escribirlos es un modo de interiorizarlos y lograr que, al leerlos constantemente, penetren en nuestro subconsciente.

3. Los sueños son personales. Los Águilas Imparables te apoyamos, pero eso no supone que haremos el trabajo por ti. Nadie se esforzará por ti... o lo haces tú, o no se hace. Tienes que tener clara la siguiente diferencia: este negocio no cumple sueños, tú cumples tus sueños haciendo este negocio.

----- NO TE RÍAS DE TUS SUEÑOS: SI TE BURLAS DE TUS SUEÑOS PUEDE QUE DESPUÉS SE BURLEN DE TU POBREZA.-----

PASO 2: PLANTEA TUS METAS

El cumplimiento de todo sueño requiere el previo cumplimiento de metas. No estás aquí para lograr un rango, sino para generar ingresos residuales. Si bien una posición determina el ingreso, NO queremos que seas un presidente pobre, sino uno solvente y eso tiene que ver con la mentalidad con la que tratas tu negocio. Porque más que status, queremos INGRESOS. Recuerda, sin residuales no hay libertad. Así que para lograr esa libertad, vamos a ponernos metas.

¿Cuál es la diferencia entre una meta y un sueño? Una meta es un objetivo con fecha. Es muy simple: un objetivo sin fecha no es objetivo. También podemos definir las metas como aquello que nos separa de nuestros sueños. Vale decir que para cumplir con nuestros sueños, primero debemos cumplir con las metas.

Para que comprendas la importancia de este punto, imagina cómo sería jugar un partido de futbol sin arcos. ¿Dónde se anotarían los goles? ¿Qué equipo sería el ganador? Las metas son como los goles en los arcos y el sueño es ganar... cada meta cumplida significa un gol por tu sueño. En nuestro negocio cada persona que logra una meta, es un gol para lograr el sueño.

Ahora que ya comprendes la importancia de las metas, en nuestro negocio debemos establecerlas con precisión.

No equivoques la perspectiva... en la vida solo triunfan quienes establecen metas. Así que aquí no valen débiles deseos, ni expresiones genéricas.

No cuenta decir:

- Me quiero convertir en supervisor.
- Algún día seré del Equipo GET.
- Más adelante voy a ser del Equipo Millonario.
- En el futuro me voy a convertir en Equipo Presidente.
- Ojalá, algún día.

Esas son expresiones de perdedor. Los ganadores trabajan con metas: los esfuerzos tienen que ser medibles. La gran pregunta es: ¿para cuándo lo queremos lograr? Es más, si deseas ir a mayor velocidad, debes hacerte las siguientes preguntas:

- ¿Para cuándo quieres declararte libre de deudas?
- ¿Para cuándo quieres recibir los ingresos de un presidente?

Las respuestas te llevarán irremediablemente al establecimiento de metas.

- Establezcamos dónde estamos ahora y hacia dónde nos dirigimos.
- Siendo que las metas son esos peldaños que debemos ir subiendo, las metas que ahora nos tenemos que fijar deben estar dentro del plan de compensación de nuestra empresa Herbalife: (1. Supervisor; 2. Equipo GET; 3. Equipo Presidente. Es cierto que hay intermediarios y que hay más rangos a lo alto, pero en principio debes enfocarte en esas primeras tres metas.
- La fecha es clave y la debes mantener hasta el final. Agota el último minuto, haz el último esfuerzo...pero nunca cambies tu fecha. Tienes que mantenerte firme en esa frontera de tiempo.

- Los Águilas Imparables consideramos que sobre las metas debe existir un plan de acción práctico. Esto quiere decir que debes pasar al cumplimiento de acciones inmediatas a fin de lograr el máximo de productividad y efectividad.

- Repítete constantemente a ti mismo tu meta hasta interiorizarla. Se sabe que el cerebro humano funciona de determinada manera y al repetir tu meta, el inconsciente la creerá y empezará a trabajar para que ello ocurra. Si tú te lo crees, tú lo haces.

Jamás olvides que: la meta es fija, los planes son variables.

PASO 3: ESTABLECE TU COMPROMISO

Las personas que esperan los resultados para después comprometerse, pierden tiempo. Y, francamente, en los Águilas Imparables nadie está para perder tiempo. El éxito ocurre cuando primero te comprometes, y luego haces el trabajo que haga falta hacer. Eso es garantía de resultados.

La fórmula es CREER PARA VER.

Ahora, de modo ingenioso imagina descifrar la palabra de la siguiente manera:

Cuando te comprometes, compras tu pase al éxito.

Este es el orden de compromisos que debes asumir:

- COMPROMISO CONTIGO MISMO.

Aquí el compromiso no es con tu patrocinador, ni con la empresa, sino contigo mismo. ¿Quieres hacer realidad tus sueños? Entonces tienes que comprometerte contigo mismo.

Recuerda esto: todo empieza por uno mismo.

- COMPROMISO CON EL SISTEMA.

El sistema debe ser ejecutado en su totalidad. Paso a paso, detalle por detalle. Ejecutar el sistema no significa simplemente "leer" La Guía Maestra, sino poner en acción a cada uno de los pasos que se indican. Esta es la máxima: trabaja en el sistema educativo, después el sistema educativo trabajará para ti.

Asume el compromiso de:

- Asistir y promover todas las reuniones y actividades relacionadas con el negocio, que sean impulsadas por el equipo y por la empresa. Reuniones Centrales HOM, Seminario del Mes STS, FSL y la EXTRAVAGANZA.

- Lee uno o dos libros al mes de los sugeridos por el sistema Águilas Imparables, o escucha los audios necesarios.

- Escucha dos audios al día acerca del negocio y del desarrollo personal.

- Encuentra 5 a 7 clientes/consumidores de nuestros productos por mes. Ellos pueden ser tus amigos, familiares, conocidos, referidos, etc.

- Encuentra de 3 a 5 distribuidores empresarios constructores de red por mes.

Comprométete a trabajar con tu:

√ Herramienta de Seguimiento Empresarial:

o Carpeta de Presentación,

o Catálogo de Productos,

o Caso de Éxito, Testimonios Adicionales.

√ Herramienta de Seguimiento para el Consumidor:

o Tener tu Báscula inteligente,

o Tus hojas de Perfil de Bienestar,

o Cinta para medir y un inventario de productos disponibles.

EL COMPROMISO DEBE SER DEL 100%. Lo haces o no lo haces. El éxito está determinado por el compromiso: el negocio te tratará como tú lo trates.

- Este negocio no es para los fines de semana,

- Este negocio no es para cuando "nos sobra tiempo",

- Este negocio no es para hacerse "de vez en cuando".

TEN EN CUENTA QUE:

- Nosotros no somos distribuidores de vez en cuando; somos constantemente empresarios de la distribución al por mayor. Los empresarios somos independientes. No somos empleados y no tenemos jefes, sino que nos debemos a nosotros mismos.

- Si el compromiso es fuerte, vamos a superar todo tipo de obstáculos e incluso tendremos desapego emocional y le daremos postura al negocio.

- Tenemos que aprender todo lo que haga falta acerca de nuestro negocio. Venimos aquí sin saber nada acerca de él, por lo tanto aquí todos somos aprendices.

- Domina el riesgo. Aquí no hay riesgo financiero, pero sí emocional. La clave está en dominar ese riesgo. Cuando pierdes vergüenza, creces. Cuando los rechazos dejan de importarte, creces. Cuando avanzas sin que las condiciones sean perfectas, creces.

- Este es un negocio de equipo. Aquí no se gana jugando individualmente. En la calle la lógica es: "para que unos ganen, algunos deben perder". En nuestro negocio es al revés: "para que ganes, tu equipo debe ganar". Así que comprométete con tu equipo. Firma la carta de compromisos y recuerda esto: "pon gente ante tus ojos y dinero ante tus pies", o sea, "ayuda a que tu gente gane y tú también ganarás".

PASO 4: ELABORA TU LISTA DE PROSPECTOS

Listas grandes, organizaciones grandes, cheques grandes. La lista de prospectos es uno de los capitales más importantes de nuestro negocio. Dar el salto hacia el éxito requiere que, irremediablemente, empecemos por la elaboración de nuestra lista de prospectos.

Le llamamos prospectos a aquellas personas que hemos identificado como potenciales candidatos para empezar el negocio integrándose a nuestro equipo.

La lista es de permanente actualización. Es decir, debes alimentarla diariamente. Nuestra red crecerá tanto como se actualice nuestra lista.

IMPORTANCIA DE LA LISTA

La lista es como un mapa que nos permite establecer un orden de prioridades para saber a quiénes presentarles nuestra oportunidad, en este punto necesitamos hacer un trabajo inteligente. Hay personas a las que les gustan los negocios, a esas personas es obvio hablarles del negocio desde el principio; y hay otras personas a las que realmente no les mueve nada. Tu invitación tiene que ir dirigida al producto, NO al negocio. Aunque casi nunca podemos prejuzgar, pero es inevitable que hay cosas que son muy obvias. Siempre haz una lista VIP; a esas son personas a las que vamos a hablarles del negocio.

Cuando un empresario del multinivel no elabora su lista de prospectos, corre los siguientes riesgos:

- Empieza a presentar el negocio de modo desordenado.
- Quema prospectos.
- Piensa que determinadas personas podrían no "interesarse en su negocio". Es decir, descalifican a las personas porque "asumen" que a ellos el negocio no les interesará.
- Obvian hacer un ejercicio de memoria y olvidan que conocen o en algún momento conocieron a alguien que sí podría tomar la decisión de unirse al negocio.
- Limitan su círculo de influencia. Muchas personas dicen, "es que no conozco a nadie", sin embargo al realizar su lista de prospectos, obtienen claridad y real dimensión acerca de su entorno social.

ELABORA TU LISTA

Reúnete con tu nuevo socio y en una hoja en blanco anota el nombre de todas las personas que conoces. No descalifiques a nadie. Todos pueden desarrollar la red si se capacitan...aquí no hace falta que los prospectos tengan títulos universitarios, determinada edad, o sean de tal o cual condición económica. Esto es para todos. En tal sentido, los únicos requisitos que se necesitan para registrar a una persona como prospecto, son los siguientes:
- Que cuente con mayoría de edad.
- Que goce de salud mental.
- Que tenga sueños y un deseo por una vida mejor.
Por lo demás, todos son potenciales candidatos. Para facilitar tu primera lista, puedes anotar nombres, identificándolos según los siguientes grupos:
- Familia,
- Vecinos,
- Amigos,

- Compañeros de trabajo,
- Promoción de Colegio/Universidad/Instituto,
- Extranjeros,
- Lista VIP,
- Si no conoces a nadie, PONTE LA META DE CONOCER DE 1 A 5 PERSONAS POR DÍA.

Recuerda: no descartes a nadie. Más prospectos, más socios.

NO DISCRIMINES: NO SABES QUIÉN SERÁ TU PRÓXIMO PRESIDENTE.

Es casi una regla que la persona que piensas que tiene todo el perfil para hacer el negocio, no lo haga. Y, por el contrario, aquella persona que creed que no lo hará, lo termina haciendo. Nosotros no elegimos con quién trabajar, las personas se eligen solas.

En muchos casos nuestros mejores socios serán personas que aún no conocemos, pero llegaremos a ellos gracias a las personas que hoy aparecen en nuestra lista. Es importante enteder que para encontrar un diamante hay que mover toneladas de carbón. Es decir, tenemos que caminar y caminar. Así que cuando tus conocidos te rechacen, recuerda lo que dijo el hombre más rico de la historia, John D. Rockefeller: "Normalmente de las grandes amistades no salen buenos negocios, pero en cambio de los buenos negocios suelen salir grandes amistades."

BUSCAMOS SOÑADORES

En el Equipo Águilas Imparables hemos comprendido la importancia de la lista. Nosotros no estamos buscando gente que tome sábila, té y batido o que se encuentren mal de salud, sino soñadores que busquen una oportunidad de negocio para conquistar su libertad financiera.

Es muy común que el nuevo socio vea la lista como algo de poca relevancia. Incluso, hay quienes dicen: "no hace falta elaborar una lista porque todo el mundo está enfermo".

"Los productos de Herbalife tienen mucho mercado, por ejemplo el programa desayuno saludable, nuestros productos para la piel, para el corazón y nuestros productos de la línea H24".

Tienen razón, pero con esa perspectiva encontrarás consumidores y vendedores que venden de vez en cuando, pero no empresarios serios y comprometidos con sus sueños. El empresario creador de redes busca a otros empresarios: los empresarios son inconformes, quieren ganar más, no simplemente centrarse en consumir un producto o venderlo.

Esto, desde luego, no desmerece el esfuerzo de encontrar consumidores, o personas que solo muestran interés en los productos, mas no en el negocio.

FUNCIÓN PSICOLÓGICA

Si deseas avanzar sin distracciones, haz tu lista. Si tienes una lista en constante actualización, siempre tendrás a quién presentarle el negocio. Hoy en día no hay excusas, en nuestro teléfono ya tenemos una gran lista; solo es cuestión de organizarla en categorías. Gracias a la lista nos hacemos la pregunta: ¿quién sigue?

Y entonces nos damos cuenta que nuestra agenda siempre estará llena de fechas para presentar la oportunidad.

El empresario que no tiene una lista piensa que los prospectos se le acabaron, y entonces experimenta una sensación de agotamiento.

TOMA LAS RIENDAS DE TU NEGOCIO

Muchos empresarios empiezan con el entusiasmo a tope, pero creen que las cosas se harán mejor si las hacen a su manera. Ven el negocio demasiado sencillo y entonces se confían. No quieren hacer la lista y argumentan sus razones:

- No haré mi lista porque ya tengo los números en mi celular.
- Tengo los nombres de mis conocidos en la cabeza, no hace falta escribirlos.
- Después lo hago, es muy fácil.
- Yo no conozco a mucha gente, no soy muy sociable, no haré ninguna lista.

Para tal caso, no puedes dejar tu negocio en manos de tu downline. El piloto eres tú.

La Guía Maestra sugiere que te sientes con su downline y juntos elaboren tu lista. Sigue este camino:

- Ten a mano una hoja en blanco y un bolígrafo.
- Hazle preguntas a tu downline:
✓ ¿Cómo se llaman tus primos?
✓ ¿Cuáles son tus cinco mejores amigos?
✓ ¿Conoces a alguien que tenga una empresa?
✓ ¿Conoces a algún médico, profesor, u otro profesional?
✓ ¿Tienes amigos en el extranjero?
- Anota los nombres de las respuestas.

La idea del presente ejercicio es que tú, como patrocinador, orientes a tu nuevo socio para que realice la lista. Tu misión es abrirle la perspectiva. Demuéstrale que en su entorno sí hay personas que podrían interesarse en el negocio. Ayúdalo con preguntas como las antes expuestas.

DATO DE IMPORTANCIA

Si al momento de hacer la lista el nuevo socio no cuenta con los números telefónicos, igual debe registrar los nombres. Recuerda que la lista es de permanente actualización.

LA LISTA EN NIVELES

Lista Caliente:

Está conformada por aquellas personas con las cuales tienes más CONFIANZA: tu círculo inmediato. Aquí no necesariamente entran las personas que frecuentas, sino aquellas personas con las cuales realmente tienes CONFIANZA.

¿Cómo abordar la lista caliente? Normalmente los primeros rechazos provienen de esta lista, así que debemos ser muy profesionales en su tratamiento.

La invitación debe hacerse a la antigua: Luego de haber realizado la planificación empresarial con tu upline y de haber programado tus reuniones, debes ponerte en contacto con tu lista caliente. No ofrezcas productos para vender, sino una OPORTUNIDAD de desarrollo financiero y personal. La clave consiste en hacer la invitación con postura: ellos tienen que SENTIR que estás cambiando para bien y que tienes la solución para sus problemas.

Esto es lo que dice la experiencia: "tus primeros y más fuertes rechazos vendrán de esta lista. Muchos de tus familiares y amigos no solo te van a rechazar sino que, incluso, intentarán desanimarte. Ello formará parte de tu preparación mental".

Lista Tibia:

Aquí se encuentran las personas que conoces, pero cuya relación no es de mucha confianza. Aquí encontramos ex compañeros de trabajo, vecinos y en general gente que conoces y con la que mantienes una relación cordial, pero no demasiado cercana.

¿Cómo abordar la lista tibia? El reto consiste en convertir la lista tibia en lista caliente, para ello debes empeñarte en afianzar y fortalecer tu relación con las personas.

Antes de hablarles de tu negocio, retoma tu amistad con estas personas.

Lista Fría

En esta lista ubicaremos a todas aquellas personas con las cuales no tenemos directamente ninguna relación y, sin embargo, nos aproximamos a ellos mediante alguna referencia o por alguna situación fortuita o generada.

Es de especial recomendación que antes de hablar de nuestro proyecto, nos enfoquemos en CREAR UNA RELACIÓN de amistad.

Trabajar la lista fría es casi un tema de marketing de atracción.

La gente vendrá a ti porque usted tienes algo que a ellos les sirve o interesa.

¿Cómo abordar la lista fría? Identifica rápidamente a aquellos que son ambiciosos y están en busca de una oportunidad. Para ello, debes plantearles preguntas acerca de sus sueños y aspiraciones personales.

Cuenta alguna experiencia que sirva como punto en común para empezar una larga y sincera relación de amistad. Este es el orden: primero la amistad, después el negocio.

TEN EN CUENTA: nosotros no convencemos a nadie, solo mostramos la información acerca de una nueva oportunidad para conquistar la libertad financiera. Son los prospectos los que, solos y en su sano juicio, deben tomar la decisión.

Asimismo, considera que el prospecto es un ser humano que vive su propia realidad y que, como tal, tiene su propio proceso:

- No todos entenderán la oportunidad en el momento en el que desees que la entiendan.
- No todos ven lo que tú ves.
- No todos van al mismo ritmo que tú.

Como líder, debes respetar el proceso de cada persona. Sin forzar, sin atropellar.

PASO 5: INVITA A TUS PROSPECTOS

Antes de entrar propiamente en la invitación, hay un acto previo:

Entrénate a ti mismo y enfócate en las relaciones interpersonales.

Vuélvete un maestro en este punto. Jamás hables de ventas, corres el riesgo de ahuyentar a las personas. Recuerda que la mayoría de las personas asocian a las redes de mercadeo con la venta de productos. Háblales de un proyecto que está comenzando, háblales de que has encontrado un equipo de líder en crecimiento, háblales de pertenecer a una comunidad de amigos emprendedores, llenos de metas y sueños.

En esta etapa de La Guía Maestra, presta especial atención: no quemes prospectos. Construye relaciones interpersonales.

En tanto, debes también apoyarte en tu patrocinador y en las actividades del sistema. Moviliza a tus prospectos a la reunión central, al seminario del mes, o a las presentaciones modelo.

Mientras participes en más actividades del sistema y te apoyes en todas las herramientas, más rápido dominarás el negocio.

EL ÉXITO DE LAS REUNIONES DEPENDE DE LAS INVITACIONES

En el Equipo Águilas Imparables consideramos que nuestro verdadero PRODUCTO es la oportunidad de negocio. Mientras más personas sepan de la oportunidad, más probabilidades de crecer tendremos. Y es aquí donde reside el éxito del negocio: puedes tener 100 clientes y vas a estar muy ocupado y no tendrás tiempo ni libertad financiera, pero puedes tener 100 socios empresariales, que cada socio tenga de 15 a 20 clientes, y ellos estarán felices y tú también. A eso se le llama satisfacción total, libertad en tiempo y dinero. ¿Cual prefieres? Para lograr eso:

- Primero, debes saber abordar a las personas,

- Segundo, debes saber mostrar la oportunidad,

- Y, finalmente, recién entonces podrás explicar tu negocio.

Saber hacer la cita para explicar el negocio, es saber hacer la invitación. Una invitación de éxito básicamente busca despertar el interés del prospecto por la oportunidad que le has comentado.

El proceso de la invitación correcta es el siguiente:

- Selecciona al menos veinte nombres de tu lista de contactos.

- Fija día y hora con tu patrocinador para hacer juntos la invitación.

- Determina claramente las fechas de tus dos primeras reuniones.

- Ten a mano un lapicero y tu agenda.

- Asegúrate de tener la línea necesaria para hacer tus llamadas sin ningún tipo de percance.

TEN CLARO EL OBJETIVO DE LA LLAMADA:

>>> El objetivo de la llamada es invitar y comprometer al prospecto a que asista a la reunión en casa O una reunión UNO a UNO para presentarle la oportunidad de negocio o de producto y debes prepararte al respecto. <<<

El objetivo de la llamada:

- No es explicar el negocio o el producto por teléfono.

- No es dar a conocer que nosotros estamos empezando un negocio.

- No es hablar sobre salud o sobre finanzas.

El objetivo de la llamada está claro: es invitar y comprometer al prospecto para que asista a la reunión de casa en la que se le presentará un proyecto de negocio para llevar sus ingresos al siguiente nivel.

PARA REALIZAR UNA INVITACIÓN EFECTIVA:

- SÉ TÚ MISMO

Muéstrate lo más natural posible. Evita mostrar un entusiasmo exagerado. Habla como siempre lo has hecho: sereno, sin alterarte, sin retraerte. La serenidad genera confianza.

- SÉ BREVE

La llamada no puede durar más de 2 minutos. NO DEBES dar un mini plan por teléfono, sino invitar y generar una expectativa sobre la presentación del proyecto.

- TEN POSTURA

Sé firme en el tono de tu voz, no dudes. Recuerda: nosotros tenemos una oportunidad financiera para las personas. No llamamos para rogar o para pedir un favor; llamamos para ayudar a las personas.

Ejemplo para una llamada por teléfono:

-Hola Juan. Soy Roberto, tu amigo/vecino/compañero de trabajo. ¿Cómo estás?

- Bien.

- Me da mucho gusto que estés bien, Juan. Te llamo rapidito, ¡si supieras lo que acabo de encontrar! ¿Tienes un minuto?

- Si, dime.

- Me encontré con una persona que está desarrollando un proyecto de negocio donde juntos podemos ganar $1000, $3000, $5000 y hasta $10000 por mes, sin dejar de hacer lo que hacemos, y pensé que te podría interesar. Esto es algo que te interesa, ¿sí o no?

- Sí, pero ¿de qué se trata?

- Sabes, este jueves va a llegar el señor a mi casa a explicar de qué se trata, por eso te estoy llamando para que vengas a verlo. Dime, ¿te interesa así te envío la dirección?

- Sí, pero no puedo el jueves a esa hora.

- No te preocupes, Juan. El sábado a las 2:00 pm va a estar [X lugar] dando una presentación, si gustas puedo reservar tu cupo.

- Ok, está bien, ahí estaré.

- Listo Juan, entonces deja que te apunto en mi agenda para no olvidarme. Recuerda que es este sábado a las 2:00 pm en esta dirección.

Si el prospecto dice que no le interesa, no hay problema; seguimos con el próximo contacto.

Si quieres invitar por mensaje de texto vía Messenger o WhatsApp es sencillo:

- Hola Juan. ¿Cómo estás? Soy Adonias.

- Hola Adonias. Estoy bien, ¿y tú?

- Me da mucho gusto que estés bien. Sabes, yo estoy muy contento. ¡No sabes lo que acabo de encontrar! Y me gustaría compartirlo contigo, ¿te interesa?

- Si, claro, dime…

- Me encontré con una persona que está desarrollando un proyecto de negocio, donde juntos podemos ganar $1000, $3000, $5000 hasta y $10000 por mes, sin dejar de hacer lo que hacemos, y pensé que te podría interesar. Esto es algo que te interesa, ¿sí o no?

- Sí, pero ¿de qué se trata?

- Sabes, este jueves va a llegar a mi casa el señor a explicar de qué se trata, por eso te escribo para que vengas a verlo. Dime, ¿te interesa así te envío la dirección?

- Sí, pero no puedo el jueves a esa hora.

- No te preocupes, Juan. El sábado a las 2: 00 pm va a estar en [X lugar] dando una presentación, si gustas puedo reservar tu cupo.

Si quieres llamar para reunirse en la casa del prospecto, usa este ejemplo:

- Hola Juan. Soy Adonias. ¿Cómo estás? Sabes, recientemente me encontré con una persona que está desarrollando un proyecto de negocio donde juntos podemos ganar $1000, $3000, $5000 y hasta $10000 por mes y estamos buscando a personas claves para expandir el proyecto y pensé en ti. ¿Esto es algo que te interesa Juan?

- Sí, pero ¿de qué se trata?

- Me da mucho gusto que te interese, Juan. Me encantaría explicarte pero tengo aquí unos papeles para mostrarte mejor, por esa razón te llamo para pasar por tu casa y explicarte el proyecto en persona. Podría pasar el jueves a las 6:00, ¿vas a estar ahí?

- Sí.

– Ok, perfecto, ahí nos vemos…

La invitación por teléfono es corta y al grano. Si contactas a 10 personas llegarán de 1 a 3 personas, y si contactas a 20, llegarán de 3 a 5 personas. La estrategia es hacer 2 reuniones en casa por semana o 1 a 2 presentaciones de uno a uno por día, para que estés presentándoles el negocio a 5 o 10 personas por semana, y por semana lograrás de 1 a 3 socios.

La misma estrategia servirá para clientes consumidores del producto. A las personas a las que no les interesa el negocio, procede de inmediato hacerles una evaluación de salud, para recomendarles los productos adecuados.

CONFIRMA LA ASISTENCIA A LA PRESENTACIÓN.

Este paso es súper importante; a la gran mayoría de las personas se nos olvidan las cosas, principalmente cuando no son nuestras, y por eso es de vital importancia la confirmación a la presentación un día antes.

Siempre sigue estos 3 pasos:

1. Saludo Cordial [llamar a la persona por su nombre].
2. Confirmar el día y la hora.
3. Realizar la reunión.

Ejemplo de confirmación:

Hola, Juan Pérez. ¿Cómo estás?

- Bien.

- Me da mucho gusto que estés bien. Juan, te llamo rapidito, solo es para recordarte que mañana es la presentación a las [X hora] en mi casa como habíamos quedado. Esa reunión va a ser una reunión para cambiar tu vida, te lo garantizo, Juan.

PASO 6: PROGRAMA DOS REUNIONES EN CASA PARA LA PRESENTACIÓN DEL NEGOCIO

Ya lo hemos dicho: si quieres construir una organización de impacto, debes ser consciente que el negocio empieza en las CASAS.

Puedes llevar prospectos a las reuniones centrales o puedes generar reuniones de uno a uno, pero nada será más potente que las reuniones en casa y las reuniones de equipo los fines de semana.

- Las reuniones en casa son la madre del crecimiento.
- Las reuniones en casa son duplicables.

PLANIFICA LA REUNIÓN:
- Programa dos fechas:
Recuerda que tu ritmo no es el ritmo del prospecto. Al tener dos fechas, ofreces dos opciones. Si el prospecto no puede en la primera fecha, debes mostrar de inmediato la segunda opción. Haz que el prospecto elija.

- Compromete la presencia de tu patrocinador o de alguien de tu línea ascendente:
Debes hacer esto con el fin de poder construir la reunión y asegurar que la presentación sea cien por ciento efectiva.

PREPÁRATE PARA LA REUNIÓN
- En la reunión se debe contar con una pizarra, dos plumones y una nota.

- Se debe evitar la presencia de mascotas y la bulla de los niños.

- Evita tener comidas y bebidas. Es una reunión de negocios, no una de aspecto puramente social. Recuerda: el foco debe estar en el motivo de la reunión, no en los bocadillos. Puedes dar a degustar productos antes de la reunión o al finalizar.

- Ten una grabadora y registra la reunión, desde el inicio hasta el final.

- Debes estar vestido para la ocasión: es una reunión de negocios. Viste de manera formal.

- Ten a mano las carpetas de seguimiento y una agenda. Recuerda que estas carpetas las entregarás al finalizar la reunión y en tu agenda programarás el recojo de las mismas. Asimismo, comprende la importancia psicológica de la agenda: estás haciendo el negocio profesionalmente. El recojo del material de seguimiento no debe exceder las 48 horas.

TEN EN CUENTA QUE:

- Tu casa no es un auditorio:

Las reuniones no siempre deben hacerse en tu casa, sino que SE HACEN EN LAS CASAS. Vale decir, tan pronto se incorpore un nuevo socio, se deben programar dos reuniones en la casa de ese nuevo socio. Y así sucesivamente, de modo que siempre estarás en movimiento... Irás de casa en casa. Es así como desarrollarás la profundidad de tu organización, afianzarás los conceptos y modelarás rápidamente a tu nueva generación de diamantes.

OBJETIVOS DE LA REUNIÓN EN CASA

Estamos en un negocio de personas. Nos pagan por ayudar a las personas. El objetivo principal de las reuniones en casa no es afiliar gente por el solo hecho de afiliarla. Los objetivos de la reunión en casa son cuatro:

#1 Llevar un mensaje de esperanza para una vida mejor y hacer soñar a los prospectos. Tenemos que mostrarles a los asistentes que, más allá del empleo y el negocio tradicional, hay una oportunidad empresarial llamada redes de mercadeo (network marketing), con la cual podemos apalancarnos para lograr nuestros sueños y obtener nuestra libertad financiera.

#2 Mostrar un equipo. Tenemos que mostrarles a los asistentes que existe una organización de empresarios profesionales llamada Águilas Imparables que desarrolla exitosamente el negocio de redes de mercadeo mediante un sistema que ofrece resultados comprobados.

#3 Modelar al anfitrión de la casa y al futuro socio. Tenemos que modelar, es decir, dar el ejemplo. Nuestro socio anfitrión y los prospectos van a ver cómo se hacen las reuniones y podrán duplicarlas. Ellos verán lo que hacemos y querrán unirse, por lo cual es clave que en cada reunión menciones LA MISIÓN, EL SUEÑO y LA VISIÓN DEL EQUIPO. Recuerda que la gente sigue a la visión, no al presentador.

VISIÓN: Ayudar a 100 Familias a tener un cheque de ingresos residuales para lograr sus sueños.

MISIÓN: Causar un impacto en la vida de las personas, ayudándolas a despertar esos sueños olvidados, y dar un mensaje de esperanza a una mejor vida.

CÓMO LOGRARLO: Con el plan que planteamos en esta Guía Maestra y el sistema educativo del equipo, poniendo en acción lo que la guía nos dice, y modelando los principios para ser un ejemplo para los demás.

#4 Afianzar el vínculo de amistad entre el patrocinador, el anfitrión, y los invitados. Recuerda: relaciones fuertes, organizaciones fuertes. Cualquier espacio que sirva para crear lazos de amistad potencia el negocio.

TEN EN CUENTA:

El éxito de la reunión en casa dependerá del éxito de la invitación. Considera, además, que por cada 10 invitaciones, el margen de asistencia está entre 1 y 3 personas.

"El Multinivel te pasa factura por cómo fuiste y te comportaste antes de hacer el negocio. Si eras un dador y estabas para tu gente, van a querer escuchar tu negocio. Si no construías relaciones, no van a querer escucharte o te van a dejar plantado. El negocio solo revela lo que ya estaba pasando en tu vida. Y eso a mucha gente le aterra." –
Eric Worre

PREPARANDO EL ÉXITO

Antes de llevar a cabo la reunión, el anfitrión de la casa y su patrocinador deben reunirse y ultimar los detalles. Para que la reunión sea exitosa, el patrocinador debe asegurarse que:

a) El anfitrión sepa realizar la invitación y la haga en los plazos definidos. Se invita una semana antes de la reunión y un día antes se llama al prospecto para hacerle un recordatorio de la cita.

b) El anfitrión tenga conciencia de la importancia del sistema. Lo que le hará ganar es el sistema. Es decir, lo que te lleva a volverte presidente es la persistencia en la ejecución del sistema. En tal sentido, la reunión en casa es una actividad básica del sistema.

c) El anfitrión conozca y domine la edificación hablada y no hablada, antes y durante la reunión. Tú, como patrocinador, debes explicarle al anfitrión acerca de cómo presentar ante la audiencia y cómo comportarse durante la reunión y después de la misma.

EL ARTISTA DE LA REUNIÓN

El artista, es decir la persona de la cual depende el éxito de la reunión, no es el patrocinador que está presentando el plan.

Tampoco es alguno de los invitados...

El artista ES EL ANFITRIÓN.

Los invitados asisten porque tienen amistad con el anfitrión. Ellos no conocen al patrocinador, sino al anfitrión. Su confianza todavía no está puesta en el negocio, sino en el anfitrión.

*** Mientras más confianza te tengan tus prospectos, menos explicaciones tendrás que dar. Ellos vienen porque TÚ los invitas. Ellos confían en ti. ***

Muchas personas empezarán el negocio aun sin entenderlo, pero lo harán porque sienten la convicción de quien los invitó a la reunión.

Por eso la persona más entusiasmada en la reunión y la más interesada en la misma, debe ser el anfitrión.

Los prospectos tienen que sentir que la persona que los invitó está SEGURA de su negocio.

LA REUNIÓN

La reunión en casa debe tener tres fases:

A) GENERAR UN CLIMA DE CONFIANZA

Haz que los invitados se sientan en confianza, debes establecer una empatía con ellos. Debes establecer puntos en común entre tú y ellos: recuerda que estamos en un negocio de gente. Recuerda: ellos deben sentirse en confianza. Antes de aceptar el negocio, te deben aceptar a ti. Para eso, antes de comenzar la reunión, se recomienda que ofrezcas una muestra del producto, bien sea un té con una barrita, o un vasito de aloe con fibra, para comenzar a fortalecer la confianza.

B) PRESENTACIÓN DE LA OPORTUNIDAD

La presentación de la oportunidad se divide en dos partes.

B.1) Presentación del patrocinador u otro empresario de experiencia que sea de la misma línea ascendente.

B.2) Presentación y explicación de la oportunidad. En este punto debes tomar nota de las siguientes recomendaciones:

- El anfitrión debe dar inicio a la reunión. Debe hacerlo saludando y contando una pequeña parte de su testimonio y su razón por la cual decidió comenzar con este proyecto de negocio de alto impacto. Acto seguido debe anunciar al orador principal y debe hacerlo como manda el sistema: debe edificarlo.

Aquí tienes un ejemplo: Cómo iniciar una presentación. El anfitrión dará la primera parte:

- Hola, buenas tardes. Soy [nombre]. Les doy la bienvenida y les felicito por estar aquí en mi casa. Recientemente, hace una semana, me encontré con este proyecto. Me dijeron que iba a mejorar mi salud e iba a ganar dinero, y eso me llamó mucho la atención. Yo pasaba cansado todo el día y no me alcanzaba el dinero. Por esa razón decidí comenzar. Es increíble cómo me ha ayudado en mi salud; ahora tengo más energía, bajé 5 libras en la primera semana, y les cuento que [X fecha] me llegó mi primer cheque [alternativamente, se puede decir: "gané $ 100 en 20 minutos"]. Esto es increíble y la razón por la que les invité es que deseo compartirles cómo ustedes también pueden beneficiarse de esta tremenda oportunidad, y para eso he invitado a mi gran amigo y patrocinador para que les explique de qué se trata. Así que ayúdenme a recibirlo con un fuerte aplauso. Con ustedes [nombre del patrocinador].

El Presentador debe comenzar la presentación contando su historia personal. Recuerda que la presentación no es lógica; es emocional, por lo tanto, debes conectar con las necesidades y los problemas de los prospectos.

Modelo de presentación con tu testimonio:

- Quién soy.

- Cuáles eran mis retos, problemas, dificultades antes de comenzar con este proyecto. Este punto es importante y a eso se le llama IDENTIFICACIÓN.

- Qué fue lo que encontré.

- Qué tengo para compartir.

Un ejemplo:

Quién soy:

- Hola, ¿qué tal? ¿Cómo están? En primer lugar quiero agradecerle a mi amigo, Pedro, por invitarme a su hogar y estar aquí con ustedes, démosle un fuerte aplauso a Pedro. Quisiera comenzar contándoles un poco mi historia personal; QUIÉN SOY, DE DÓNDE VENGO, Y MÁS IMPORTANTE, A DÓNDE VOY.

Mis retos:

- Mi Nombre es Adonias Hernández [nombre del presentador]. Vengo de una familia humilde y con muchas limitaciones. Con decirles que no tengo suficientes estudios y que yo era la persona que se terminaba poniendo la ropa de mi hermano mayor. Pero entendí que nacer en un hogar humilde, pobre no significa que el resto de mi vida tengo que vivir en limitaciones, y lo peor de todo, someter a mi familia a ese mismo estilo de vida de escasez.

Por esa razón, hace 11 años decidí venir a los Estados Unidos para poder ayudar a mis padres y a mis hermanitos para que tengan la oportunidad de asistir a una mejor escuela. Mi papá consiguió dinero prestado, para que yo viniera a los Estados Unidos. Pasé por el desierto y eso no fue nada agradable, fue difícil. Llegue a los Estados Unidos y comencé a trabajar duro. Trabajaba 10, 12, 14 horas todos los días y muchas veces hasta los fines de semana y aun así no lograba salir adelante. Ganaba $1200, $1500 por mes. Al final de 3 años yo estaba enfermo, cansado, no tenía tiempo libre, vivía frustrado, y no quería saber más del trabajo. Yo decía, ¿esto es la vida? ¿Cuándo voy a lograr hacer algo para mí? ¿Para qué estoy en esta tierra? Sentía que había entregado todo y que ya no había más en la vida, y hoy entiendo que por alguna razón es que pasan las cosas.

Qué fue lo que encontré:

- Un día me encontré con la señora Blanca Rosa W., quien hoy en día es mi patrocinadora y me invitó a una presentación como la que van a ver aquí, solo que era en un hotel y estaba lleno de gente [esto debe ser acerca de cómo fue que encontraste a Herbalife]. Empezaron a hablar y decir que los tiempos habían cambiado. En el pasado, si tenías estudios, tenías un buen empleo, y si querías poner un negocio, necesitabas mucho dinero para invertir. Y estaban hablando acerca de una oportunidad de comenzar tu propio negocio apalancándote en una de las empresas más grandes en salud y nutrición; Herbalife, sin necesidad de mucha inversión o tiempo. Hablaron de más cosas pero no recuerdo nada más. Lo único que me acuerdo es que había muchas personas ganando dinero y muchas personas que habían mejorado su salud y eso me emocionó, por lo cual decidí comenzar.

Al principio no me fue nada fácil, mucha gente no creyó en mí, mucha gente me dijo que no, que eso era mentira, que eso era trabajo de mujer, pero yo lo hice una y otra vez. Poco a poco fui aprendiendo más y más, hasta lograr que las cosas pasaran. Hoy estoy aquí compartiendo con ustedes. Les cuento que mi primer cheque fue de $68, pero poco a poco fue creciendo y llegó a $200, $500, $1000 y más... Gracias a esa decisión, mi vida cambió por completo y hoy en día gozo de buena salud, tengo más tiempo libre y, lo más bonito es que he ayudado a mucha gente a tener una vida más saludable, y por ayudar a más personas, mis ingresos el mes pasado fueron [X monto de dinero].

Qué tengo para compartir:

- Hoy estoy aquí para compartir lo mismo con ustedes. He venido a decirles que existen nuevas formas de ganar dinero. Que cualquier persona puede salir adelante con este proyecto, no importa su nivel de estudios, su color, su religión, o de qué país sea. Todos somos iguales ante los ojos de Dios. Si ustedes tienen sueños o metas para alcanzar, quiero que sepan que un empleo no es la única opción para ganar dinero.

De qué estamos hablando, entonces:

- Estamos hablando de una nueva manera de generar ingresos y que te puede llevar a ganar lo que nunca te imaginaste, y esto gracias a las formas de hacer negocios en el siglo XXI.

Para ganar en el siglo XXI no necesitas tener una gran cantidad de capital. Lo único que necesitas es conocimiento. Es saber cómo funciona la economía actual. Hoy los grandes negocios están haciendo redes, no fábricas. Solo piensa en Netflix, el mayor productor de películas a nivel mundial, sin tener grandes salas de cine. Uber es hoy por hoy la más grande flota de taxis, ¿cuántos taxis crees que son propiedad directa de Uber? Lo más probable es que ninguno. Facebook es la empresa más grande de publicidad sin tener grandes agencias de publicidad. El negocio del siglo XXI se llama construcción de redes. Tú puedes ser el mejor distribuidor de sábila, té y batidos sin tener grandes establecimientos de producción. A eso se le llama APALANCAMIENTO, y ese es el nombre del juego en el siglo XXI.

Tenemos que apalancarnos en las empresas grandes para lograr cosas grandes.

Herbalife es una de las más grandes y reconocidas empresas de salud y nutrición que ha ayudado a miles de personas alrededor del mundo a mejorar su salud, controlar su peso, tener más energía y mejorar sus ingresos

Herbalife tiene una solo misión; tener un mundo más saludable y feliz. Logran hacer todo esto a través de los distribuidores empresarios que deciden ser parte de Herbalife.

Nosotros, el Equipo Águilas Imparables, tenemos el compromiso de darte las herramientas y la capacitación necesaria para poder llevar este mensaje de cambio y de esperanza casa por casa, persona por persona, lugar por lugar, despertando el deseo por una vida mejor. Diciéndole a la gente que cambie su forma de pensar, porque el mundo ya cambió y no podemos seguir siendo esclavos de un empleo, trabajando para otros. Tú y yo podemos construir nuestros propios ingresos y un día ser libres en tiempo y dinero. Ser tu propio jefe. LA META ES PASAR DE SER EMPLEADO A SER UN EMPRESARIO.

Para eso necesitamos una plataforma para apalancarnos, y un plan de trabajo.

Herbalife es una de las más grandes plataformas que ha ayudado a millones de personas con este mismo plan.

Cuál es el plan:

- El plan es lo que se hace todos los días, conocer gente y presentarles el plan.

Para poder ganar dinero con Herbalife, tienes que hacer tres cosas:

1. Unirte a Herbalife. Consumir los productos. Buscar 5 a 7 clientes por mes.

2. Buscar 3 a 5 distribuidores empresarios por mes que quieran hacer lo mismo. Llevarles este mensaje a más personas.

3. Capacitación continua. Nosotros, los Águilas Imparables te apoyamos con el sistema y te llevamos de la mano paso a paso hasta lograr tus metas.

Cómo se hace y cómo se gana el dinero:

Tú entras y ordenas tu desayuno y 5 desayunos más para tus primeros 5 clientes. La estrategia que ha funcionado por años es la del ejemplo. Si ven que consumes el producto, ellos querrán lo mismo.

El primer objetivo de tu consumir el producto es crear un pequeño o grande testimonio. Pasa LO MISMO con el negocio, la razón de tener un inventario de 5 desayunos como mínimo, es para que tengas del producto para las personas que no quieren hacer el negocio, pero a las que les interesa mejorar su salud, controlar su peso, tener más energía, o mejorar su alimentación.

Cuando comienzas, adquieres tu membresía de inmediato y obtienes un 25% de descuento en cada producto. Al momento que ordenas 5 desayunos y los documentas, la compañía te sube a un 35% de descuento al tú venderlos, recuperas tu inversión y te ganas $250. Esto es con una inversión de $500.

Cuando le enseñas a otra persona a hacer lo mismo, tu socio ordena 5 desayunos, y los vende, él o ella gana $ 250 y tú, por ayudarles, te ganas un cheque de $75 a $80, y eso es solo el comienzo.

Cuando logras la primera META de ser supervisor, ganas el 50% de cada venta, más tus ingresos de mayoreo, y estás listo para comenzar a construir residuales.

Sigamos con el mismo ejemplo. Llegas a supervisor, tienes el 50% de descuento en todos los productos y ahora con 5 desayunos, en lugar de ganar $250, ganarías $500 y por llevar a otra persona a ser supervisor, ganas de $300 a $500. Ese es el verdadero enfoque de este negocio, construir supervisores. No para que tú ganes mayoreo, si no que porque de la producción de supervisores es que se comienza a ganar los ingresos residuales de 1 al 5%. Este negocio no se trata solo de vender, se trata de construir un cheque de residuales, que puedas cobrar en todo el mundo. Las regalías se ganan sobre la producción de cada supervisor. Para construir un cheque de $10000 a $20000 necesitas de 80 a 100 supervisores, que cada uno tenga 15 a 20 clientes. Eso lo puedes lograr en 3, 5, 7, o 10 años.

Testimonio:

Presenta un par de testimonios que contesten preguntas.

Ejemplo:

- Hola, soy Juan. Antes de Herbalife pasaba más tiempo en el trabajo; trabajaba de 12 a 14 horas por día, me sentía mal porque no pasaba tiempo con mi familia, decidí comenzar este proyecto y la semana pasada [o el mes pasado] gané [X monto].

- Hola soy María. Ama de casa. Antes, mi vida solo era cocinar, barrer y trapear, la pasaba muy aburrida en casa, no conocía a otra gente. Comencé con este proyecto y hoy conozco a mucha gente y paso súper feliz. Me encanta este proyecto y la semana pasada gané [X monto].

- Hola soy [nombre]. Cuando me hablaron de este proyecto, me gustó la idea pero no tenía dinero para comenzar. Comencé solo con mi producto personal, pero decidí llevar unas muestras a mis amigas y les encantó, ordenaron unas, y así comenzó mi negocio. El mes pasado gané [X monto] y tengo [X cantidad] socias haciendo lo mismo..

FIN DE LA PRESENTACIÓN

Recuerda que tienes que terminar hablando de los sueños, haciendo que los interesados deseen algo más en la vida. Preguntas claves de cierre:

1. Les hago una pregunta - ¿cuántos de ustedes quieren llevar sus ingresos al siguiente nivel? ¿Cuántos de ustedes quieren mejorar algún problema de salud?

2. ¿Cuánto de aumento les han dado en los últimos 3 años en su trabajo? ¿50 centavos, 1 dólar, 2 dólares? ¿Ustedes creen que las cosas en el mercado siguen igual o ya subieron de precio?

3. ¿Cómo se les trata en el trabajo? ¿Cómo se han desarrollado como persona en su trabajo? ¿Han aprendido a hacer negocios, a hablar en público, a manejar sus finanzas? ¿Cuántos de ustedes conocen a personas a las que no les alcanza lo que ganan, siempre están pidiendo dinero prestado?

4. ¿Cuántos de ustedes quieren tener más tiempo para pasar con su familia?

Termina hablando de los sueños:

Estoy seguro que tú y yo tenemos muchos sueños, queremos darles a nuestras familias una vida mejor, tal vez tener una casa mejor, un carro mejor, enviar a nuestros hijos a una mejor escuela, ayudar a nuestros padres, o simplemente ayudar a los más necesitados.

La pregunta es, ¿haciendo lo que estamos haciendo, lo vamos a lograr? Piensen cuántos años llevan trabajando en lo que están trabajando. ¿Cómo van a estar sus vidas dentro de 5 años?

5. ¿A quién de ustedes le gustaría pertenecer a nuestro Equipo de Águilas Imparables y ayudarnos a llevar este mensaje a más personas?

¿Cómo debemos comenzar? Hay 3 opciones:

1. Consumir los productos para tener una vida más saludable, a precio público.

2. Consumir el producto con descuento.

3. Ser un distribuidor constructor de redes, para ganar dinero rápido y construir un cheque de regalías y lograr tus sueños.

Una vez que la persona firme su solicitud para asociarse a la empresa, el primer paso a seguir es pasar a la etapa de Sueños, Metas y Compromiso, es decir los primeros tres pasos de esta Guía y luego proceder a pasar lo de la compañía.

Toda la intervención del anfitrión debe durar máximo 5 a 10 minutos.

- La presentación debe ser lo más sencilla posible y debe durar 30 a 45 minutos como máximo.

- El anfitrión debe grabar la presentación y tomar notas. De todas las personas ahí presentes, el anfitrión debe ser el más interesado.

- Recuerda que tu historia personal es un valioso recurso para presentar nuestro proyecto. Léela bien para presentar, NO para vender.

Nuestro negocio no es lógico, sino emocional. La presentación del plan es básicamente una transferencia de sentimientos. No te concentres en los números...habla de tu historia...de cómo estabas antes de empezar el negocio, de cómo te sientes ahora y muéstrales hacia dónde vas. Es decir, muestra tu ejemplo. Tus luchas, tus batallas: tu antes, tu ahora y tu futuro. Ten un par de testimonios adicionales.

- Una vez terminada la presentación, el orador permanece unos minutos respondiendo preguntas breves y/o intercambiando comentarios con los asistentes, pero NO DEBE QUEDARSE. Debe irse tan pronto pueda porque mientras más tiempo se queda, más se expone a un bombardeo de preguntas que pueden terminar arruinando la presentación. No es que huyamos de las preguntas, pero la idea es dejar al prospecto con inquietudes para que revise la carpeta de seguimiento y luego de haberla leído, podamos volver a reunirnos.

REUNIONES POST-PRESENTACIÓN

Para poner punto final a la reunión, el anfitrión debe preguntarles a los asistentes acerca de sus dudas. Y con el ánimo de ayudarles, debe ofrecer las carpetas de seguimiento. Debe sacar su agenda y programar las reuniones correspondientes a fin de recoger su material y responder todas las inquietudes.

Ver ejemplo: "Pedro, tengo un material que no te lo puedo ni vender, ni obsequiar, pero te lo puedo prestar para que lo lleves a casa y lo veas. Esto te ayudará a conocer más del negocio. ¿Crees que si te lo llevas ahora, mañana yo pueda pasar a recogerlo y respondemos todas tus dudas? ¿Te parece bien mañana a las 4pm? Listo, a esa hora paso por tu casa, déjame anotarlo en mi agenda".

PASO 7: EMPIEZA EL SEGUIMIENTO

Los empresarios del network marketing tenemos nuestras herramientas de trabajo. Una de ellas es la carpeta de seguimiento.

- Valora y cuida tu carpeta de seguimiento. Debes mantenerla en buen estado.

- Ten postura. La carpeta de seguimiento solo debe ser entregada a aquellos prospectos que se comprometen a revisarla en un plazo no mayor a 48 horas después de la reunión. En caso que el prospecto señale que revisará la carpeta en una fecha que excede ese plazo, el anfitrión NO DEBE ENTREGARLA. Y es que al no querer revisar el material rápidamente, el prospecto nos está indicando que no está interesado en el negocio.

IMPORTANTE

- Quien presenta el plan debe identificar a los más interesados en la oportunidad. ¿Cómo podemos saber si alguien está realmente interesado en el negocio? Normalmente, las personas interesadas se acercan al orador y le hacen preguntas. Quieren responder de inmediato todas sus inquietudes. Es importante identificar a estas personas, pues tenemos que concentrarnos en ellas.

- Invita a las personas más interesadas a la Reunión Central HOM o al Seminario del Mes STS. Hazles saber que, muchas veces, no entendemos el negocio a la primera y que este tipo de eventos son justamente para ayudarnos a comprenderlo y tomar decisiones.

Tenemos que entender que el seguimiento no es una persecución. Más bien es un acompañamiento para que el prospecto, sea cual sea su decisión, lo haga disponiendo de la más completa información. El seguimiento es un proceso que se inicia desde el momento en el que al prospecto se le entrega la carpeta, la misma que contiene información clave para entender el negocio.

Ten en cuenta que:

- Debes dejar que el prospecto tenga libertad para elegir lo que desea.

- Tienes que respetar el proceso de entendimiento del prospecto. Nuestro objetivo es ayudarlo a que tome una decisión, no forzarlo.

- Jamás debes discutir o ejercer presión. No estamos afiliando por el hecho de afiliar, nomás. Recuerda que si una persona entra bajo presión eso no es garantía de que realizará el negocio.

PARA RECOGER LA CARPETA

- Recoge tu carpeta. La carpeta de seguimiento nos permite tener un motivo para ver al prospecto y personalmente responder sus inquietudes a fin de empezar el proyecto. Cuando recojas la carpeta, debes hacerlo con postura.

Nunca digas frases como:

"Hola Juan, espero hayas podido revisar el material. No sé... ¿qué te pareció?"

"Hola Juan, ¿te gustó el material? ¿Lo entendiste?"

Jamás debes utilizar un lenguaje que exprese dudas. Asume que el prospecto ha revisado el material (para eso se lo ha llevado).

Aquí tenemos un ejemplo de cómo recoger la carpeta:

"Hola Juan. Me da mucho gusto que hayas revisado el material. ¿Qué preguntas tienes?"

En este ejemplo te darás cuenta que si Juan ha visto el material, tendrá preguntas. Si no lo ha visto, se hará el loco y lanzará expresiones genéricas.

Debes utilizar un lenguaje de afirmación y debes ser lo más preciso posible. No dejes nada en el aire. La idea es saber si el prospecto realmente revisó el material y si ha decidido algo al respecto.

BUENA ACTITUD

Al momento de visitar al prospecto para recoger la carpeta, debes ir con la mejor actitud. Una actitud positiva hace la diferencia. Lo más frecuente es que el prospecto tenga muchas preguntas y que debas volver a repetir la información que ya se dijo en la reunión en casa. Ten paciencia y mantén el interés. Si debes volver a repetir la información y explicarla más detalladamente, hazlo sin ningún reproche. No juzgues, más bien apoya al prospecto. Y recuerda esto: si recibes un rechazo, ellos están rechazando la oportunidad, no a ti. No lo tomes como algo personal...

TODOS SUMAN

Tú llevas las riendas de tu negocio y no puedes dejar nada en el aire. Una vez que hayas recogido la carpeta de seguimiento y aclarado todas las dudas, inmediatamente debes identificar al prospecto en uno de los tres perfiles que se manejan en nuestro negocio. Aquí debes ayudarle a tomar una decisión de acuerdo a las tres opciones que existen:

El prospecto puede empezar como:

1) Cliente a precio público, que consume los productos para tener una vida más saludable.

2) Asociado preferente, que consume el producto con descuento, pero no le interesa hacer el negocio.

3) Distribuidor constructor de redes, para ganar regalías y lograr sus sueños, llevando nuestro mensaje a más personas.

Para nosotros los tres son muy importantes, pero recuerda que aunque vamos en busca de empresarios (gente igual a nosotros, quienes quieran construir la red), es inevitable encontrarnos en el camino con distribuidores que solo quieren vender de vez en cuando y no están dispuestos a construir la red. No los rechaces, apóyalos. Todos suman. Considera que los consumidores y distribuidores que no están del todo comprometidos, con educación y con el tiempo, pueden cambiar de mentalidad y un día convertirse en distribuidores empresarios.

OBJECIONES Y MÁS OBJECIONES

Si después de recoger el material de seguimiento y de invitar a la persona a la Reunión Central, la persona persiste en sus objeciones, entonces debes profundizar en esas inquietudes.

Ten en mente que muchas personas no conocen el concepto de nuestro negocio y no lo entenderán rápidamente. Existen el miedo y la desconfianza. En principio debes asegurarte que el prospecto sienta que respetas y entiendes su situación. Trata todas las objeciones con mucha sensibilidad y sé consciente que, independientemente de las condiciones personales, todos pueden hacer este negocio. El desafío consiste en hacer entender a la persona que ella lo puede hacer.

Las objeciones más comunes tienen que ver con la autoestima.

Cuando el prospecto tiene miedo, por lo general utiliza algunas de las siguientes expresiones:

"No tengo tiempo".

"Yo no soy ideal para las ventas, no me gustan".

"Esto no es para mí".

"Yo no conozco a mucha gente".

Debes comprender que estas respuestas no tienen que ver contigo, sino con el prospecto mismo. Vale decir, no son respuestas contra tu persona. No las tomes como algo personal. Más bien busca entender de dónde le vienen esos miedos al prospecto y ayúdalo. Tus respuestas deben ser breves y coherentes; y el enfoque debe ser hacia los sueños y la libertad. Habla de lo que podemos lograr haciendo el negocio.

Aquí algunos ejemplos:

- "Yo no soy para las ventas".

Respuesta: "Le entiendo, María. A mí tampoco me gusta vender, de hecho al principio yo pensé que esto era solo un negocio de ventas. Finalmente lo entendí cuando me di una segunda oportunidad... mi consejo es que usted haga lo mismo para entenderlo mejor. Me gustaría que venga conmigo a una reunión central de nuestro equipo".

- "No conozco a mucha gente".

Respuesta: "Juanita, deje que le haga una pregunta: ¿si usted conociera a muchas personas, haría el negocio ahora mismo? Le hago esta pregunta porque al empezar, lo más importante es educarse acerca de nuestro sistema. Conforme usted vaya entendiendo el negocio, sola irá abriendo su camino para hacerlo. El sistema del Equipo Águilas Imparables está diseñado para ayudarle a ganar".

- "Es una pirámide, ahí solo ganan los que están arriba".

Respuesta: "Sí, muchas personas tienen esa idea. Pero permita que le explique brevemente. En las pirámides no hay producto, en las redes sí. De hecho, nuestros productos se consumirían incluso sin comercializarse a través de una red. Aquí no hay dinero a cambio de dinero. Por otro lado, si usted empieza, puede ganar más que sus patrocinadores. Porque no es quien entra primero, sino quien trabaja más. En ese sentido, este negocio es como cualquier otro...si no hay esfuerzo, no hay ganancias. Deje que le invite a la Reunión Central para que vea otros testimonios y conozca más acerca del proyecto".

PASO 8 EVALUACIÓN DE ESTRATEGIAS CON TU UPLINE

Una vez tomada la decisión de empezar el negocio, tú y tu nuevo socio deben sentarse y hacer la planificación empresarial estratégica.

Sin planificación, no hay éxito.

¿Qué es la planificación empresarial estratégica? ¿Cómo la hacemos? ¿Por dónde empezamos?

La planificación es básicamente la definición personal de los tres primeros pasos del patrón del éxito: Sueños – Metas - Compromisos.

Sigue estas pautas:

Empieza por los SUEÑOS…

#1 Una vez hayas codificado a tu socio, en un plazo no mayor de 48 horas, agenda una reunión de máximo dos horas y mínimo 45 minutos.

La reunión es únicamente entre tú y tu nuevo socio.

Eventualmente, puedes llevar a nuevos socios para modelarlos (es decir, para que vean cómo se hace).

#2 Entra en confianza con tu nuevo socio. Recuerda esto: no eres un profesor, eres un amigo. Haz que tu socio se sienta en confianza y para ello debes empezar hablando acerca de ti mismo. ¿Por qué haces este negocio? Cuéntale esa razón y empieza a hablar de tus sueños. Así lograrás que el nuevo socio te cuente los suyos. En caso de que notes que el nuevo socio se muestra reacio, haz las preguntas activadoras:

A) ¿Cómo es la casa de tus sueños?

B) ¿Dónde te gustaría vivir?

C) ¿Cuánto te gustaría ganar?

D) Si el dinero y el tiempo no fueran un problema: ¿dónde vivirías?

#3 Cuando tu socio hable de sus sueños, escúchalo con entusiasmo. No lo interrumpas, ni te rías. Los sueños merecen respeto. Muestra interés absoluto. En tu cuaderno, en una hoja en blanco, anota esos sueños conforme los vayas escuchando. Tú, como patrocinador, debes anotar esos sueños y llevar ese registro como un manifiesto de éxito personal.

Sigue con las METAS...

Para que nuestros sueños se hagan realidad, debemos tener metas. El progreso en nuestras metas determinará qué tanto nos acercamos a nuestros sueños. Y en nuestro negocio nuestras metas deben estar claras. Nada puede quedar en el aire: metas borrosas, resultados borrosos.

"UNA META ES UN OBJETIVO CON FECHA".

Si el nuevo socio nos dice que desea ganar X cantidad de dinero, pues debemos ubicar el rango al que debe llegar para lograr esa meta. ¿Para cuándo quiere convertirse en supervisor, GET o presidente dentro de Herbalife? ¿Cuánto quiere ganar haciendo este negocio? La fecha es importante, extremadamente importante.

En tu hoja de planificación, justo debajo de los sueños, anota la meta. Recuerda: la primera meta es ir por el rubí.

Concluye con el COMPROMISO...

Nuestro negocio no es color rosa. Como cualquier otro gran proyecto, aquí hace falta mucha dedicación. El nuevo socio debe saber que su patrocinador le apoyará, pero que no hará el trabajo por él.

Habla con tu socio en términos de absoluta franqueza: el éxito es personal. Los sueños son personales. Si no te entregas al 100%, no ganarás al 100%. Aquí no estamos para "probar suerte", ni para "ver cómo nos va".

Formula las siguientes preguntas:

- ¿Qué estás dispuesto a hacer por tus sueños?
- ¿Estás dispuesto a persistir?
- ¿Estás dispuesto a tolerar el rechazo?
- ¿Estás dispuesto a continuar aun cuando otros abandonen?

El éxito de nuestro negocio requiere carácter. Estamos empezando un proyecto sencillo, pero no simple. Así que el nuevo socio debe confirmar su compromiso. ¿A qué se debe comprometer? La respuesta se encuentra en el tercer paso del patrón del éxito: conectarse 100% con el sistema educativo de Los Águilas Imparables.

EVALUACIÓN DE ESTRATEGIAS

HAY QUE EVALUAR Y EVALUAR

Acuerda con tu nuevo socio evaluar periódicamente el progreso. Todo negocio tiene cifras y plazos, de modo que tenemos que ir constatando el progreso.

En tal sentido, debemos preparar un cuadro de proyecciones:

- Que incluya los datos de los socios que entrarán a su organización.
- Un estimado de puntaje por cada una de las tres líneas con la que se empezará.
- Estimados de crecimiento para el primer mes.
- El cronograma de reuniones establecidas para el mes entrante.
- La proyección de personas que movilizarán a la Reunión Central y seminario del mes.

Hecho esto, concluyes la planificación empresarial. En todo momento debes tener presente que la profundidad depende de ti, que el dinero está en la profundidad y que nuestro negocio es un negocio de gente. No descuides, ni abandones a tu nuevo socio. Fortalece tu amistad y guíalo hasta donde haga falta hacerlo.

PASO 9 MODELAR = A DUPLICACIÓN

El negocio crece cuando hay duplicación. ¿Qué es la duplicación? Es la repetición constante de acciones efectivas. En nuestro negocio cualquier acción puede funcionar, pero si no se duplica no sirve. Vale decir: lo que tú haces, todos los integrantes de tu equipo deben poder hacerlo.

Tú debes:

- Seguir y enseñar constantemente los nueve pasos de la duplicación con el ejemplo.
- Eso se logra ejecutando cabalmente el sistema.
- El modo más efectivo de enseñar es con el ejemplo, no con palabras. Recuerda lo que dijo Einstein: "el ejemplo no es la mejor manera de enseñar, es la única".
- Mantén y haz todo en modo sencillo. No compliques, ni enredes las cosas. Mientras todo se pueda copiar, todo se puede duplicar.

La magia está en la duplicación. ¿Te imaginas tener una organización mundial que al día hace más de mil presentaciones?

Duplicar es:

- Hacer que otros hagan lo mismo que tú haces.
- Apalancarse en el esfuerzo del equipo.
- Es contribuir al éxito de los demás.

En resumen, duplicar es una situación en la cual ambas partes ganan.

EL CICLO DEL MOMENTUM

Vamos a definir el Ciclo del Momentum como el clima del crecimiento.

Digámoslo así: si tú no estás en el Ciclo del Momentum, no estás creciendo.

El momentum, o impulso, es crecimiento positivo, ascendente y productivo.

Estamos en momentum ahora mismo. Águilas Imparables y Herbalife se encuentran en una gran oportunidad.

Gracias a nuestro sistema educativo, el crecimiento ha estallado en modo imparable.

El objetivo principal del Ciclo del Momentum es ubicar al nuevo socio en lo que son los pasos más productivos desde el punto de vista operativo.

A veces nuestro negocio se ve fácil, pero que algo sea fácil no significa que sea color rosa. Este negocio lo podrían hacer todos, pero no todos lo hacen. No todos quieren desarrollar el carácter y el entendimiento para hacerlo.

Puedes estar escuchando los audios,

Puedes asistir a la Reunión Central y al Seminario del Mes,

Puedes estar leyendo libros,

Puedes estar entusiasmado,

Puedes estar haciendo cualquier cosa, pero si no haces el Ciclo del Momentum, tu negocio no está creciendo.

Son cuatro acciones que hacen que nuestro negocio sea cien por ciento efectivo y vaya hacia niveles superiores. Estos son:

4to Paso.- Lista de prospectos.

5to Paso.- Invitación.

6to Paso.- Presentación del Negocio.

7moPaso.- Seguimiento.

(Si observas, estos cuatro pasos forman parte de los nueve pasos de la duplicación)

Cada vez que esta ciclo se repite, estamos provocando momentum. Para que tu negocio esté en momentum, tú debes estar en momentum.

Tu negocio no llegará más allá de donde llegues tú. Pero antes que nada, debes comprender que nuestro negocio está cimentado bajo estos cuatro principios:

1. EL AMOR AL PRÓJIMO, nuestro negocio trata sobre personas no sobre dinero, máquinas o títulos. Así que si no sientes amor por las personas, no podrás ayudar a nadie.

2. LA LIBERTAD, lo contrario a la libertad es la esclavitud, las personas de éxito son independientes, siguen su voluntad y se hacen responsables por sus actos. Aquí no hay jefes, supervisores ni reglas.

3. LA IGUALDAD, bien puedes ser un Equipo Presidente o un distribuidor recién comenzando; para nosotros eres un ser humano con sueños y eso nos basta.

4. EL VALOR DEL SER HUMANO, para nosotros tu valor no está en tu estatura, en tu estatus o nivel académico, ni en tus habilidades. Sino que está en tu condición de SER HUMANO. Nosotros creemos que cualquier ser humano tiene un potencial y es ese potencial el que tenemos que despertar.

Todo este macro concepto se resume en estos cuatro pasos:

1. AUSPICIO, ese es nuestro trabajo. Llevar el mensaje a miles de personas y auspiciar al que guste ser parte de nuestra misión.

2. EDUCACIÓN, nosotros creemos que la clave del éxito es la educación y el trabajo en equipo, por lo tanto una vez que la persona se asocia a la empresa, tiene que obtener su kit de Guía Maestra y conectarse al grupo privado del Equipo Águilas Imparables.

3. VOLUMEN, si no hay movimiento de volumen no hay negocio, de ahí la importancia de entender y comprender el negocio. Solo avanzarás de nivel si se mueve volumen, pero el volumen lo mueve la gente que hace el negocio, y es por esa que razón necesitamos obtener 5 a 7 clientes por mes y 3 a 5 distribuidores creadores de red por mes. Ahí se mueve el volumen.

4. EDIFICACION, este punto es súper, súper importante porque sin edificación no hay construcción.

EL CICLO DEL MOMENTUM TE DA CARÁCTER

El rechazo, las ganas de abandonar, los aciertos y en general el aprendizaje y la experiencia para triunfar en este negocio, son cosas que experimentamos cuando estamos en el Ciclo del Momentum.

Es por ello que un aspecto central del Ciclo del Momentum, y es precisamente forjar el carácter del nuevo socio y formarlo en la toma de decisiones y el liderazgo.

- Cuando invites gente a las reuniones y no vaya nadie,
- Cuando sientas que los nervios te ganan mientras presentas la oportunidad,
- Cuando te equivoques presentando el negocio,
- Cuando seas rechazado en el seguimiento…

Sigue ADELANTE. Ve por la próxima persona, más adelante está tu éxito. No te detengas por alguna circunstancia puntual. Debes dar un paso más, no busques que sea fácil, busca mejorar. Si lo haces, el éxito está para ti…

Espero esta Guía te pueda ayudar.

Con mucho cariño y amor para ti que estás leyendo estas letras que salen desde el fondo de mi corazón, si en algún momento te sientes perdido, solo vuelve a revisar la Guía.

Solicita tu entrada a nuestro grupo privado de Facebook.

ISBN: 9781095029008

www.ingramcontent.com/pod-product-compliance
Lightning Source LLC
Chambersburg PA
CBHW030018190526
45157CB00016B/3111